Diogenes Taschenbuch 80/III

Chaval

Hochbegabter Mann, befähigt, durch die bloße Erdumdrehung einen Eindruck von Geschwindigkeit zu empfinden

Gesammelte Cartoons III

Diogenes

Die meisten der in diesem Band
aufgenommenen Zeichnungen sind im Juni 1966
in der Zeitschrift ›Bizarre‹
(J.-J. Pauvert, Paris) erschienen
Die deutsche Erstausgabe erschien 1970
als 18. Werk für den ›Club der Bibliomanen‹
im Diogenes Verlag

Alle deutschen Rechte vorbehalten
Copyright © 1970, 1974
by Diogenes Verlag AG Zürich
80/77/E/2
ISBN 3 257 20156 7

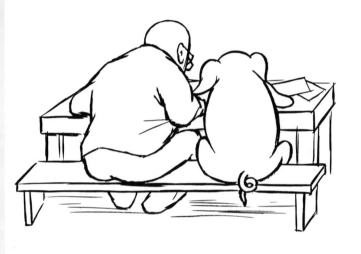

Geschultes Schwein, einem Metzger bei der Buchhaltung zur Seite stehend

*Staatsmann,
Opfer einer zum Glück harmlosen Unpäßlichkeit*

Biene, sich nicht mehr der Nummer ihres Stocks entsinnend

›Die drei Musketiere‹,
zugunsten einer zoologischen Stiftung von einer
Affen-Liebhabertruppe dargestellt

Akrobaten, das Unmögliche anstrebend

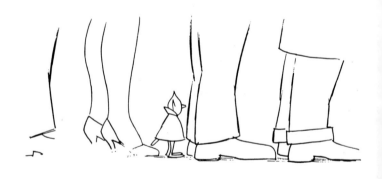

*Kleiner Bewohner eines benachbarten Planeten,
vor einem Postschalter Schlange stehend*

*Mitglied eines Trachtenvereins, höchst ungeduldig
dem Eintreffen der andern entgegensehend*

Elefant, in Gedanken an einen ehemaligen Präsidenten der Republik vertieft

Falscher Napoleon, die Vogesen überschreitend

Eva, hinter dem erstbesten Mann her

*Einsamer Inselbewohner, außerstande sich zu erinnern,
ob Dienstag oder Mittwoch ist*

Gorilla, um die Hand einer Frau anhaltend

Gendarm beim Abfassen eines Liebesbriefes

Mann, der Malerei zugetan

Skalpjäger läßt sich anschnauzen

Soldat sieht den Krieg kommen

Leutseliger Mondfahrer, mit Landarbeiter anstoßend

Pechvogel beim Versuch, Lotteriestand in Brand zu setzen

Leonardo da Vinci, seiner Mutter ein Abendmahl malend

Industrieller, ein Dienstmädchen photographierend

Gasmann, einem Abonnenten Trost spendend

Gottgesandter, an den Absender zurückgeschickt

Edison, den Phonographen entdeckend

Spanischer Zwerg, Buñuel einen Brief schreibend

Trottel, damit beschäftigt, sich Fragen zu stellen

*Jäger läßt festgeranntem Nashorn
Unterstützung angedeihen*

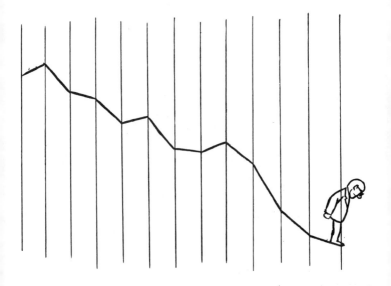

Besorgter Industrieller

Trügerische alte Dame, einen Feuerlöscher verbergend

*Hochbegabter Mann, befähigt,
durch die bloße Erdumdrehung einen Eindruck von
Geschwindigkeit zu empfinden*

*Junger Nichtsnutz, von seinem Großvater
ein Darlehen erbittend*

Gelehrte, mit Mikroskop spielend

*Nackte Frau, gefolgt von angekleidetem,
aber erheblich kleinerem Mann*

Alte Frau mit Bart, als Mann verkleidet

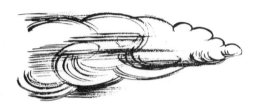

Apotheker, ein Gewitter fliehend

Feiger Bademeister, intensive Lektüre vortäuschend

Generaldirektor, verirrt in einer Wüste

*Gauner, darauf aus,
einem Minister das Portefeuille zu stehlen*

Prostituierte, Justizbeamten die Brust reichend

Schwein, in Betrachtung einer Jacht versunken

Ballerina, vor Enten den ›sterbenden Schwan‹ tanzend

Alter Flieger, Kindern sein Leben erzählend

Rassist, die Liebe einer Farbigen ausschlagend

Gefängnisdirektor in Gedanken an seine Ferien

Kleine Auster, einen Athleten bewundernd

Päpste, einen Wolkenkratzer bestaunend

Mann, praktisch verloren, falls er nicht träumt

Bilderstürmer, ein Aquarell begießend

Spanier am Rand der Verzweiflung

Frauen, Scheiße sortierend

*Indianer, eine Lokomotive neu anstreichend,
ohne zu wissen, ob sie läuft*

*Gendarm, fassungslos,
angesichts eines als Gendarm verkleideten Betrügers*

La Fontaine, Plot suchend

Chaval
im Diogenes Verlag

Zum Lachen
Gesammelte Cartoons I
detebe 80/I

Zum Heulen
Gesammelte Cartoons II
detebe 80/II

Guten Morgen!
Bibliothek für Lebenskünstler

Gute Reise!
Bibliothek für Lebenskünstler

Gesundheit
Bibliothek für Lebenskünstler

Gute Nacht!
Bibliothek für Lebenskünstler

Autofahren kann jeder
Bibliothek für Lebenskünstler

Fotoschule
Bibliothek für Lebenskünstler

*Weitere
Zeichnungen von Chaval
finden Sie in*

Cherchez la femme
Bibliothek für Lebenskünstler

Wird eingefahren
Bibliothek für Lebenskünstler

Kleine Nachtmusik
Bibliothek für Lebenskünstler

Diogenes
Grafik-Taschenbücher

Bosc
Love and Order. Zeichnungen über Krieg und Frieden. detebe 44

Wilhelm Busch
Studienausgabe in 7 Einzelbänden.
*Gedichte – Max und Moritz –
Die fromme Helene – Tobias Knopp –
Hans Huckebein / Fipps der Affe /
Plisch und Plum – Balduin Bählamm / Maler Klecksel – Prosa.*
detebe 60/I-VII

Paul Flora
Premiere. Party-Zeichnungen.
Mit einem Versuch von Wolfgang Hildesheimer. detebe o
Trauerflora. Idyllen. Mit einem Vorwort
von Friedrich Dürrenmatt. detebe 52/I
Vivat Vamp! Ein Fotobuch zum Lob des Vamps von Mae West
bis Marilyn Monroe. Mit gezeichneten Kommentaren
von Paul Flora. detebe 52/II

Edward Gorey
Balaclava. Sechzig vom Autor illustrierte Limericks. detebe 27
Das jüngst entjungferte Mädchen. Das rechte Wort am unrechten Ort.
Verdeutscht von Urs Widmer. detebe 101
Augenblicke aus dem Leben großer Geister. Festgehalten
in Wort und Bild von Howard Moss und
Edward Gorey. Deutsch von Jörg Drews. detebe 124

Goya
Caprichos. Mit einem Vorwort von Urs Widmer. detebe 33/I
Desastres de la Guerra. Mit einem Vorwort von Konrad Farner.
detebe 33/II

Loriot
Kleine Prosa. Mit vielen Zeichnungen des Verfassers. detebe 13
Tagebuch. Zeitgeschehen von Meisterhand. detebe 61
Kleiner Ratgeber. Entscheidende Abbildungen und Texte. detebe 82

Roger Price
Der kleine Psychologe. Sämtliche Drudel. detebe 91

Ronald Searle
Weil noch das Lämpchen glüht. Boshafte Zeichnungen. Gerechtfertigt durch Friedrich Dürrenmatt. detebe 14

Sempé
Konsumgesellschaft. Zivilisationszeichnungen. detebe 38
Volltreffer. Erste Zeichnungen. detebe 84

Siné
Katzenjammer. Katzen-Cartoons. detebe 94

Roland Topor
Tragödien. Mit einer Vorrede des Künstlers. detebe 23

Tomi Ungerer
Der Sexmaniak. Aus dem Geheimen Skizzenbuch. detebe 6
Fornicon. Vorwort von Prof. Dr. Walther Killy. detebe 17
Spiegelmensch. Ein neues deutsches Wintermärchen. detebe 49
Der erfolgreiche Geschäftsmann. Ein Stundenbuch für Manager. detebe 123

James Abbott McNeill Whistler
Die vornehme Kunst sich Feinde zu machen.
Mr. Whistlers ›Zwölf-Uhr-Vortrag‹ über Kunst und die Einwände von Oscar Wilde und G. K. Chesterton. Mit Zeichnungen von Whistler, Aubrey Beardsley, Leslie Ward und Max Beerbohm. detebe 34

Sempé
im Diogenes Verlag

Unsere schöne Welt
Ein großer Grafik-Sonderband

Nichts ist einfach
10. Werk im ›Club der Bibliomanen‹

St-Tropez
19. Werk im ›Club der Bibliomanen‹

Carlino Caramel
29. Werk im ›Club der Bibliomanen‹

Von den Höhen und Tiefen
33. Werk im ›Club der Bibliomanen‹

Monsieur Lambert
oder Wie einem das Leben so mitspielt
36. Werk im ›Club der Bibliomanen‹

Alles wird komplizierter
39. Werk im ›Club der Bibliomanen‹

Sempé's Konsumgesellschaft
Diogenes Taschenbuch 39

Volltreffer
Diogenes Taschenbuch 84

Wie sag ich's meinen Kindern?
Bibliothek für Lebenskünstler

Wie verführe ich die Frauen?
Bibliothek für Lebenskünstler

Wie verführe ich die Männer?
Bibliothek für Lebenskünstler

Gute Fahrt!
Bibliothek für Lebenskünstler

Der Lebenskünstler
Bibliothek für Lebenskünstler

Sempé/Goscinny
Der kleine Nick
Diogenes Kinder Klassiker

Der kleine Nick und seine Bande
Diogenes Kinder Klassiker

Der kleine Nick und die Schule
Diogenes Kinder Klassiker

Der kleine Nick und die Ferien
Diogenes Kinder Klassiker

Der kleine Nick und die Mädchen
Diogenes Kinder Klassiker

Diogenes Taschenbuch 80/II

Chaval
Zum Heulen
Gesammelte Cartoons II

Diogenes

Dieser Band enthält die Teile sieben bis dreizehn
des 1969 unter dem Titel ›Zum Lachen und zum Heulen‹
erschienenen Werkes

Alle Rechte vorbehalten
Copyright © 1969, 1974
by Diogenes Verlag AG Zürich
60/77/E/3
ISBN 3 257 20155 9

Inhalt

I   Für wen den Himbeersirup? 7
II Der Weihnachtsmann 33
III Diesseits von Gut und Böse 49
IV Die Wunderkinder 79
V   Die netten Leute 87
VI Kleine Raketenschule 97
VII Für eine Fee spielt sie allerdings schlecht 105
VIII Programm! 117
    Nachwort 165

Erster Teil

*Für wen
den
Himbeersirup?*

Meine Brieftasche ist weg!

Wissen Sie, daß Sie prächtig aussehen für Ihr Alter?!

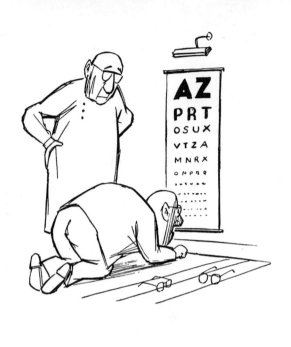
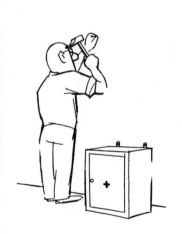

Ich sagte, diese kleinen Apparätchen seien angenehm!

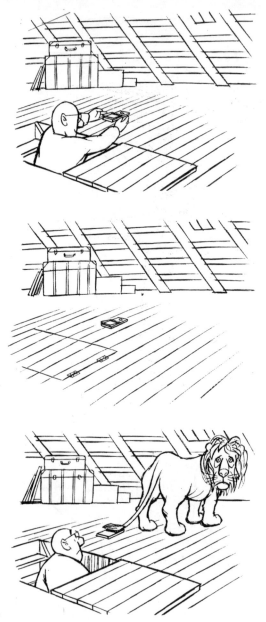

Susanna und die Greise

*Wenn dich dein Vater mit seinem Hut spielen sieht,
gibt es wieder einen Mordsskandal!*

Was kost' das?

Zweiter Teil

*Der
Weihnachtsmann*

Bulgarischer Weihnachtsmann *Mexikanischer Weihnachtsmann* *Weihnachtsmann aus Kambodscha*

Kaukasischer Weihnachtsmann *Österreichischer Weihnachtsmann* *Amerikanischer Weihnachtsmann*

Deutscher Weihnachtsmann

Schweizerischer Weihnachtsmann

Spanischer Weihnachtsmann

Weihnachtsmann mit Zweireiher

Weihnachtsmann »de Luxe«

Weihnachtsmann »business«

Jedem sein Spielzeug

Befindet sich ein Arzt im Saal?

Dritter Teil

*Diesseits von
Gut und Böse*

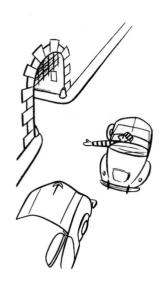

1 2

Vierter Teil

*Die
Wunderkinder*

*Ich wußte gar nicht, daß Sie einen
so großen Jungen haben!*

Aber bitte, nehmen Sie Platz, verehrter Meister.

Alte Dampf-Wiege

*Sie dürfen nicht vergessen,
daß der Architekt nur vier Jahre alt ist.*

Fünfter Teil

*Die netten
Leute*

– die dich aus lauter Höflichkeit zur Eile treiben.

– die von der guten
alten Zeit schwärmen.

– die gleich reagieren wie du.

– die eine schöne Sammlung Langspielplatten besitzen.

– die dir von ihren Reisen erzählen.

– die es besser wissen.

– die dir zu Hilfe kommen.

– die sich um deine Gesundheit kümmern.

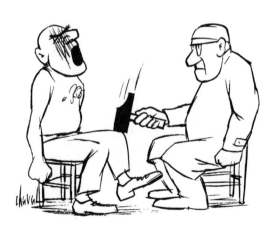

– *die nur ihre Pflicht tun.*

– die an morgen denken.

– die dich schon kannten,
als du ein kleiner Junge warst.

Sechster Teil

*Kleine
Raketenschule*

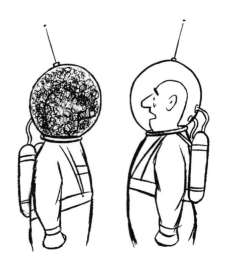

Sie sollten weniger rauchen.

Noch eine Woche, und wir werden uns nicht mehr sehen.

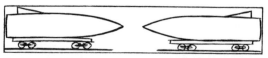

Rakete auf Schienen,   *Rakete auf Schienen,*
gegen den Osten gerichtet.   *gegen den Westen gerichtet.*

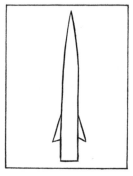

Rakete für Flüge von unbeschränkter Höhe.

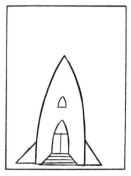

Rakete für die Etappe.

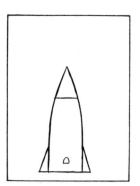

Rakete, die bis zu 30 m steigen kann, mit einer Katze an Bord.

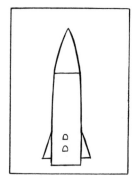

Rakete, die um die Erde fliegen kann, mit zwei Katzen an Bord.

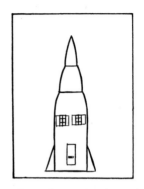

Rakete, die zweimal um die Erde fliegen kann, mit einer Familie an Bord.

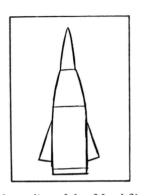

Rakete, die auf den Mond fliegen kann, aber nicht zurück.

Raketenträger mit Stundenlohn.

Raketenträger mit Monatsgehalt.

*Querschnitt durch eine
Rakete für den Vorortsverkehr.*

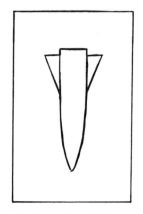

*Rakete auf verfrühtem
Rückflug zur Erde.*

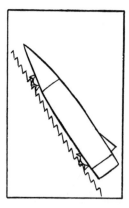

*Zahnradrakete oder
langsame Rakete.*

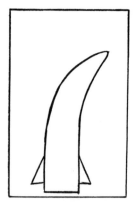

Mißlungene Rakete.

Siebter Teil

*Für eine Fee
spielt sie allerdings
schlecht!*

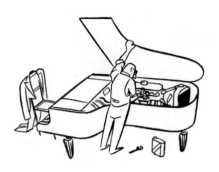

... auf Wiederhören am nächsten Mittwoch, meine lieben kleinen Freunde!

Achter Teil

Programm!

Idiot!

Die Panne

Madeleine, ich glaube, du hast etwas zugenommen.

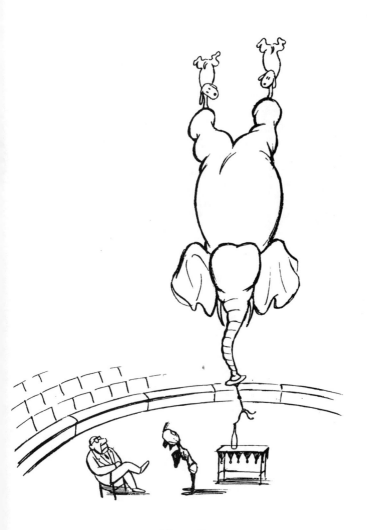

Na und?

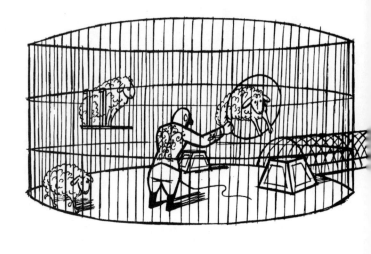

Sie kennen doch die Sage von der Leda?

...*ma non troppo!*

NACH MILLET

Brauchen wir heute Milch, Madeleine?

*Wären Sie so freundlich,
das Radio etwas leiser einzustellen?*

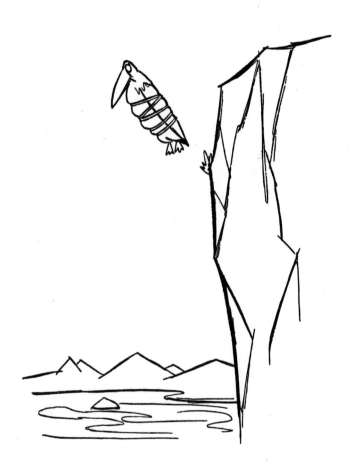

Ende

Nachwort

Chaval kam am 10. Februar 1915 als Yvan Francis LeLouarn in Bordeaux zur Welt. Er war ein wißbegieriges Kind und lernte lesen, bevor er schreiben konnte. Doch hat er später auch gern und nicht schlecht geschrieben. Den Beweis dafür liefern seine *Souvenirs en vrac* (Bizarre, Paris, Nr. 41, Juni 1966). Diese bruchstückhaften Erinnerungen offenbaren auch, wie plastisch und intensiv Chaval schon als Kind Menschen und Dinge beobachtete und erlebte. Zwei Männer vor allem beeindruckten ihn: der Großvater und ein Onkel. Der Großvater weckte sein Interesse an Fotoapparaten und Filmkameras. Der Onkel, »der (so berichtet Chaval) schon Milliardär war, als ein simpler Millionär noch Raritätswert hatte«, schenkte ihm eine ›Bell and Howell‹-Kamera. Er schenkte Chaval aber noch etwas anderes, und das dürften Milliardäre nicht alle Tage verschenken: »er brachte mir bei, wie klein das Vergnügen ist, das sich käuflichen Dingen abgewinnen läßt«. Chaval ist zeit seines Lebens anspruchslos gewesen. »Meine finanziellen Ansprüche sind bescheiden, und das gibt mir eine recht große Unabhängigkeit und eine wahre kleine Kraft: niemand kann mir Angst machen.«

Auch das Geschenk der Kamera blieb nicht folgenlos: Chaval experimentierte mit Trickfilmen, drehte einen über die Zahnbürste und stellte imaginäre Dokumentarstreifen her. Er arbeitete auch mit Tati zusammen.

Chaval wußte, daß der Blick durch die Fotolinse den Blick eines Karikaturisten nicht trübt, daß vielmehr eine Beziehung zwischen Fotografie und bildender Kunst besteht. Er zeichnete eine *Fotoschule für Anfänger*, und Fortgeschrittene dieser Disziplin urteilten, nur ein sehr guter Fotograf könne dem Fotoapparat derart groteske Situationen abfordern.

Künstlerische Begabungen werfen oft schon in der Jugend ihre Schatten voraus. Bei Chaval war das nicht so: »In der Schule verfertigte ich im Unterschied zu den meisten bekannten Zeichnern keine Karikaturen meiner Lehrer. Lustige Streiche lagen mir nicht sehr.« Vielleicht wollte er deshalb lieber Kardinal werden. Schließlich ging er doch auf die Kunstakademie in Bordeaux und trat später in die Pariser Ecole des Beaux-Arts ein, fand dort seine Frau und verließ die Schule wieder. Er malte, machte Radierungen und widmete sich der Kupferstecherei, ohne – wie er in seinen Erinnerungen gesteht – »mich zum Kupferstecher berufen zu fühlen«. Die Zeichenfeder wurde sein Handwerkszeug und machte Chaval nach 1946 schnell bekannt. Er wurde Mitarbeiter von *Paris Match*, *Le Figaro*, *Le Rire* und *Punch* und erhielt bereits 1950 den ›Prix Carrizey‹ und 1953 die ›Coupe Internationale du Meilleur Dessinateur‹. Er stellte in den USA, in Japan und in Paris aus. Chaval glaubte, »daß man eine gewisse Unordnung im Leben hinnehmen und manchmal sogar pflegen muß, aus der sich die eigene persönliche Ordnung entwickeln kann«. Er haßte den Lärm der lauten Städte und liebte den Krach, den er selber machen konnte. Aber er starb leise am 22.1.1968 in Paris.

Chaval war überzeugt, »daß man sich damit abfinden muß, sich nicht mehr als nur einem kleinen Kreis von Menschen verständlich zu machen«. Er hat wohl niemals neben jenem Japaner gesessen, der im Wartezimmer eines Pariser Zahnarztes heimlich die Chavalseite aus dem *Figaro* herausriß und unbemerkt in seine Brieftasche zu verstauen suchte.

Chaval
im Diogenes Verlag

Zum Lachen
Gesammelte Cartoons I.
detebe 80/I

*Hochbegabter Mann, befähigt,
durch die bloße Erdumdrehung einen
Eindruck von Geschwindigkeit zu empfinden*
Gesammelte Cartoons III.
detebe 80/III

Guten Morgen!
Bibliothek für Lebenskünstler

Gute Reise!
Bibliothek für Lebenskünstler

Gesundheit
Bibliothek für Lebenskünstler

Gute Nacht!
Bibliothek für Lebenskünstler

Autofahren kann jeder
Bibliothek für Lebenskünstler

Fotoschule
Bibliothek für Lebenskünstler

*Weitere
Zeichnungen von Chaval
finden Sie in*

Cherchez la femme
Bibliothek für Lebenskünstler

Wird eingefahren
Bibliothek für Lebenskünstler

Kleine Nachtmusik
Bibliothek für Lebenskünstler

Diogenes
Grafik-Taschenbücher

Bosc
Love and Order. Zeichnungen über Krieg und Frieden. detebe 44

Wilhelm Busch
Studienausgabe in 7 Einzelbänden.
*Gedichte – Max und Moritz –
Die fromme Helene – Tobias Knopp –
Hans Huckebein / Fipps der Affe /
Plisch und Plum – Balduin Bählamm / Maler Klecksel – Prosa.*
detebe 60/I–VII

Paul Flora
Premiere. Party-Zeichnungen.
Mit einem Versuch von Wolfgang Hildesheimer. detebe 0
Trauerflora. Idyllen. Mit einem Vorwort
von Friedrich Dürrenmatt. detebe 52/I
Vivat Vamp! Ein Fotobuch zum Lob des Vamps von Mae West
bis Marilyn Monroe. Mit gezeichneten Kommentaren
von Paul Flora. detebe 52/II

Edward Gorey
Balaclava. Sechzig vom Autor illustrierte Limericks. detebe 27
Das jüngst entjungferte Mädchen. Das rechte Wort am unrechten Ort.
Verdeutscht von Urs Widmer. detebe 101
Augenblicke aus dem Leben großer Geister. Festgehalten
in Wort und Bild von Howard Moss und
Edward Gorey. Deutsch von Jörg Drews. detebe 124

Goya
Caprichos. Mit einem Vorwort von Urs Widmer. detebe 33/I
Desastres de la Guerra. Mit einem Vorwort von Konrad Farner.
detebe 33/II

Loriot
Kleine Prosa. Mit vielen Zeichnungen des Verfassers. detebe 13
Tagebuch. Zeitgeschehen von Meisterhand. detebe 61
Kleiner Ratgeber. Entscheidende Abbildungen und Texte. detebe 82

Roger Price
Der kleine Psychologe. Sämtliche Drudel. detebe 91

Ronald Searle
Weil noch das Lämpchen glüht. Boshafte Zeichnungen. Gerechtfertigt durch Friedrich Dürrenmatt. detebe 14

Sempé
Konsumgesellschaft. Zivilisationszeichnungen. detebe 38
Volltreffer. Erste Zeichnungen. detebe 84

Siné
Katzenjammer. Katzen-Cartoons. detebe 94

Roland Topor
Tragödien. Mit einer Vorrede des Künstlers. detebe 23

Tomi Ungerer
Der Sexmaniak. Aus dem Geheimen Skizzenbuch. detebe 6
Fornicon. Vorwort von Prof. Dr. Walther Killy. detebe 17
Spiegelmensch. Ein neues deutsches Wintermärchen. detebe 49
Der erfolgreiche Geschäftsmann. Ein Stundenbuch für Manager. detebe 123

James Abbott McNeill Whistler
Die vornehme Kunst sich Feinde zu machen.
Mr. Whistlers ›Zwölf-Uhr-Vortrag‹ über Kunst und die Einwände von Oscar Wilde und G. K. Chesterton. Mit Zeichnungen von Whistler, Aubrey Beardsley, Leslie Ward und Max Beerbohm. detebe 34

Sempé
im Diogenes Verlag

Unsere schöne Welt
Ein großer Grafik-Sonderband

Nichts ist einfach
10. Werk im ›Club der Bibliomanen‹

St-Tropez
19. Werk im ›Club der Bibliomanen‹

Carlino Caramel
29. Werk im ›Club der Bibliomanen‹

Von den Höhen und Tiefen
33. Werk im ›Club der Bibliomanen‹

Monsieur Lambert
oder Wie einem das Leben so mitspielt
36. Werk im ›Club der Bibliomanen‹

Alles wird komplizierter
39. Werk im ›Club der Bibliomanen‹

Sempé's Konsumgesellschaft
Diogenes Taschenbuch 39

Volltreffer
Diogenes Taschenbuch 84

Wie sag ich's meinen Kindern?
Bibliothek für Lebenskünstler

Wie verführe ich die Frauen?
Bibliothek für Lebenskünstler

Wie verführe ich die Männer?
Bibliothek für Lebenskünstler

Gute Fahrt!
Bibliothek für Lebenskünstler

Der Lebenskünstler
Bibliothek für Lebenskünstler

Sempé/Goscinny
Der kleine Nick
Diogenes Kinder Klassiker

Der kleine Nick und seine Bande
Diogenes Kinder Klassiker

Der kleine Nick und die Schule
Diogenes Kinder Klassiker

Der kleine Nick und die Ferien
Diogenes Kinder Klassiker

Der kleine Nick und die Mädchen
Diogenes Kinder Klassiker

Diogenes Taschenbuch 80/1

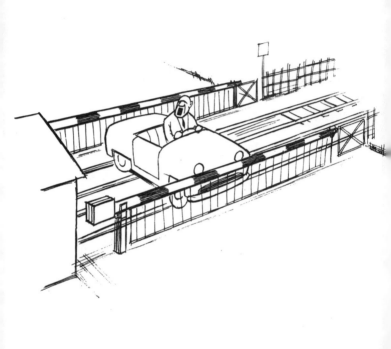

Chaval
Zum Lachen
Gesammelte Cartoons 1

Diogenes

Dieser Band enthält die ersten fünf Teile
des 1969 als Diogenes Sonderband erschienenen
Werkes ›Zum Lachen und zum Heulen‹

Alle Rechte vorbehalten
Copyright © 1969, 1974
by Diogenes Verlag AG Zürich
80/77/E/3
ISBN 3 257 20154 0

*Humor ist die Höflichkeit
der Verzweiflung*

chaVaL

Inhalt

I   Gestatten Sie,
    daß ich Ihnen unsern Direktor vorstelle?   9
II Kleine Fahrschule   51
III Reise um die Erde auf 66 Seiten   73
IV Kleine Fotoschule   141
V   Toujours l'amour   151

Erster Teil

*Gestatten Sie,
daß ich Ihnen unsern Direktor
vorstelle?*

4

Wissen Sie, das ist ein Selfmademan.

Mit dem Sekretär, den Sie mir empfohlen haben, bin ich sehr zufrieden.

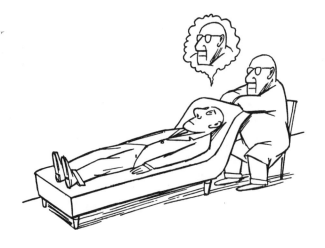

1

2

3

4

5

6

7

8

9

10

11

12

13 14

15 16

Bring' Er uns ein Bier!

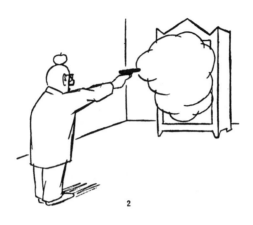

2

3

Zweiter Teil

Kleine Fahrschule

Ihr Kühler rinnt!

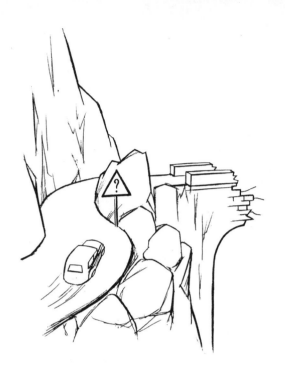

Wenn ich fahre, höre ich ein schepperndes Geräusch!

– da überholt uns schon wieder eine von rechts!

He, wir sind angekommen!

11 × Autostop

Klassisch

Faul

Gebieterisch

Wirksam

Mutlos

Historisch

Beunruhigend

Naiv

Dritter Teil

*Reise um die Erde
auf 66 Seiten*

1

Ober! Seit 10 km bitte ich Sie nun schon um Brot!

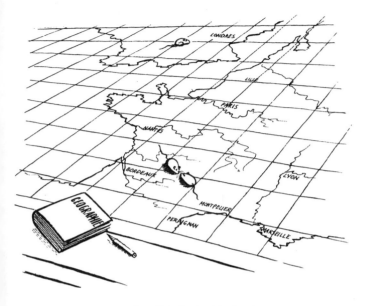

Paula? Die ist in England.

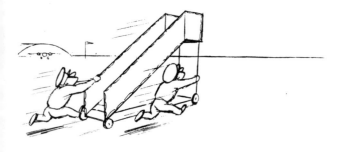

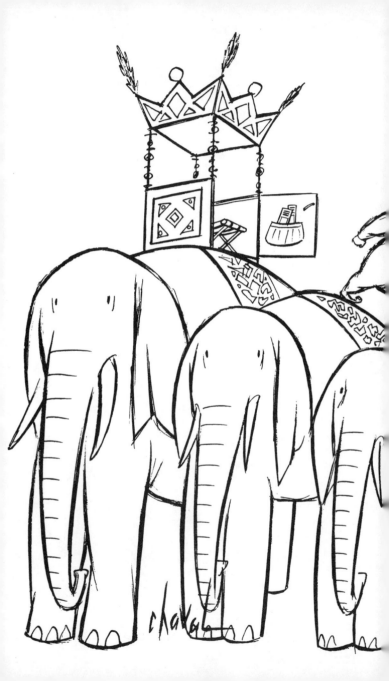

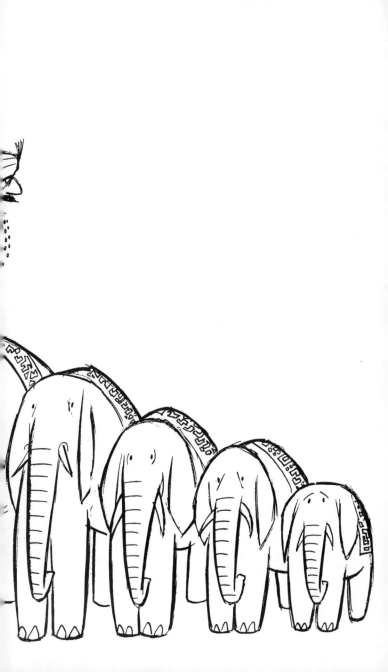

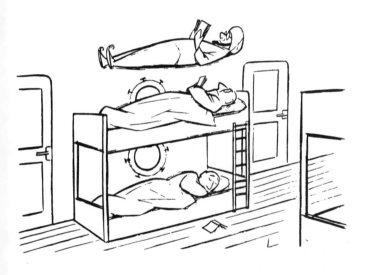

1

2

3

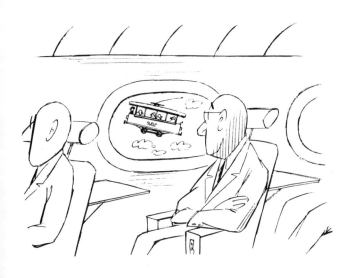

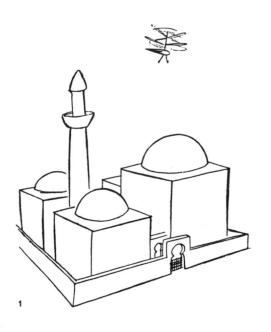

1

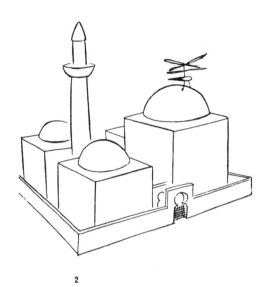

2

3

Nehmen Sie sich in acht, er markiert die Bettvorlage!

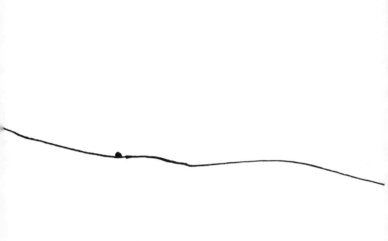

... *Husten!*

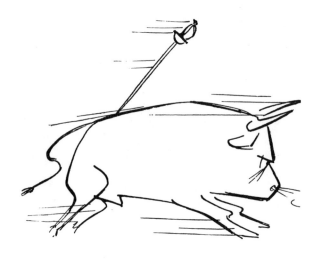

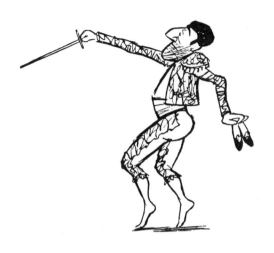

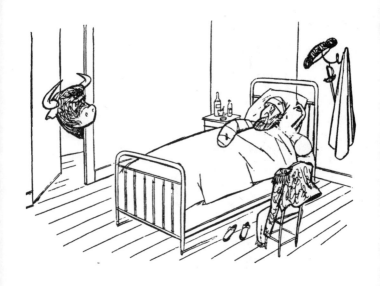

3

4

Vierter Teil

*Kleine
Fotoschule*

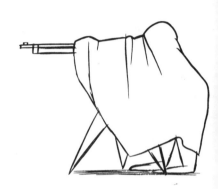

Fünfter Teil

*Toujours
l'amour*

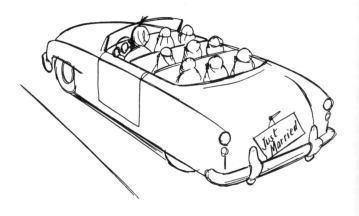

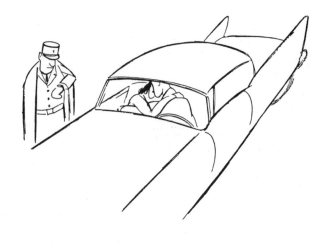

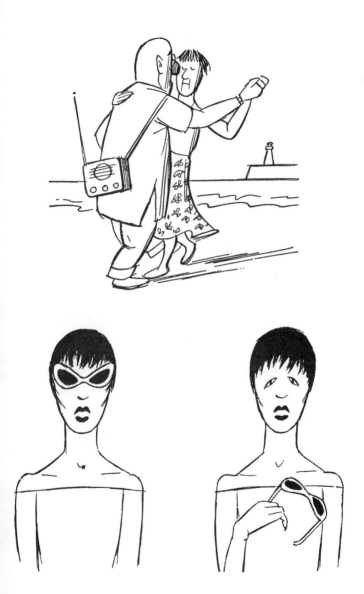

1

2

3

4

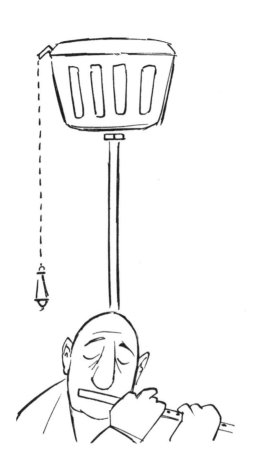

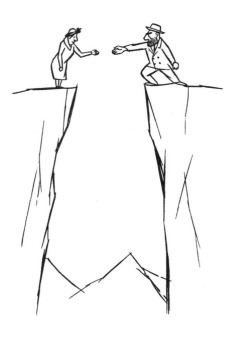

Chaval
im Diogenes Verlag

Zum Heulen
Gesammelte Cartoons II
detebe 80/II

*Hochbegabter Mann, befähigt,
durch die bloße Erdumdrehung einen
Eindruck von Geschwindigkeit zu empfinden*
Gesammelte Cartoons III
detebe 80/III

Guten Morgen!
Bibliothek für Lebenskünstler

Gute Reise!
Bibliothek für Lebenskünstler

Gesundheit
Bibliothek für Lebenskünstler

Gute Nacht!
Bibliothek für Lebenskünstler

Autofahren kann jeder
Bibliothek für Lebenskünstler

Fotoschule
Bibliothek für Lebenskünstler

*Weitere
Zeichnungen von Chaval
finden Sie in*

Cherchez la femme
Bibliothek für Lebenskünstler

Wird eingefahren
Bibliothek für Lebenskünstler

Kleine Nachtmusik
Bibliothek für Lebenskünstler